DU PASSÉ ET DE L'AVENIR

DE

L'EUROPE

PARIS

IMPRIMERIE DE L. TINTERLIN ET Cᵉ

Rue Neuve-des-Bons-Enfants, 3.

DU PASSÉ ET DE L'AVENIR

DE

L'EUROPE

PARIS

E. DENTU, LIBRAIRE-ÉDITEUR

GALERIE D'ORLÉANS, 31, PALAIS-ROYAL

1861

DU PASSÉ ET DE L'AVENIR

DE

L'EUROPE

I

Dévouement et progrès, telles sont les deux expressions qui résument l'histoire universelle.

L'humanité progresse au prix des travaux, des souffrances, du sang des individus et des générations. Jésus-Christ, cloué sur la croix, est le symbole éclatant de cette loi fatale et éternelle du dévouement social, source du progrès.

La croix qui surgit des ruines de l'ancien monde, scinde l'histoire universelle en deux parties, les rayons lumineux qui en jaillissent éclairent et fécondent, renouvellent et transforment la face du monde.

La force humaine a régi toute l'antiquité ; les idées enfantées par la parole de Jésus-Christ régissent toute la société moderne ; l'histoire ancienne s'est terminée par l'asservissement de l'univers aux armes du peuple romain ; l'histoire moderne finira par le triomphe, sur la terre, de la loi souveraine de fraternité universelle résumée dans le commandement de l'Évangile, d'aimer Dieu par dessus toutes choses et son prochain comme soi-même.

II

Toute l'antiquité païenne eut pour fondement de sa morale l'erreur la plus profonde, la pluralité des dieux. Les idées révélées s'étaient peu à peu effacées de la mémoire des hommes, l'idée d'un Dieu, un, tout-puissant, invisible et cependant partout présent, premier et unique moteur de toutes choses était trop abstraite pour leur esprit sans secours venu d'en haut. Ils avaient divinisé tout ce qui était pour eux immédiatement cause de bien et de mal, les merveilles, les forces secrètes de la nature, les passions humaines si puissantes sur eux, leurs héros, leurs grands hommes. De cette multiplicité de Dieux, de l'oubli et de la non-connaissance d'un Dieu un, vengeur de la sainte morale, découlèrent d'épouvantables abus : l'esclavage, la polygamie, le droit de meurtre de l'homme sur sa femme et sur ses enfants, l'immolation des victimes humaines, l'exposition des enfants, l'inégalité sociale, le culte de certaines divinités engendraient les vices les plus dégradants pour la dignité humaine ; la prostitution avait des temples par toute la terre, la guerre était permanente ; s'étendre par la conquête était le seul but des sociétés et des gouvernements, la force était le seul droit international. Toute l'histoire ancienne est une suite non interrompue de guerres, de conquêtes ; elle finit par l'asservissement de tout l'univers au peuple le plus belliqueux de toute l'antiquité.

Jésus-Christ, expirant sur la croix, vint alors réconcilier l'homme avec la divinité et le tirer du néant et de l'abîme d'impuissance de ses anciennes idolâtries.

Il n'apparut pas sur cette terre pour délivrer les juifs du joug matériel de leurs oppresseurs, mais pour sauver le monde entier de l'asservissement moral à la domination des sens, élever l'esprit au-dessus de la matière et faire faire à l'humanité le plus grand pas qui l'ait rapproché de Dieu.

Les diverses dominations qui s'étaient succédé les unes aux autres avaient finalement abouti à l'empire universel des Romains. L'unité de civilisation, mais aussi de corruption qui en résulta amena la rapide expansion dans toutes ses parties des vérités apportées au monde par le Christ, et en facilita la conquête par les barbares, auxquels était particulièrement destinée cette semence divine :

L'excès de civilisation des Romains comme la barbarie des Germains ont été les premières causes du triomphe si rapide du Christianisme.

L'Église a trouvé un auxiliaire puissant dans la corruption même, dans la dépravation excessive et générale de toutes les classes. Le monde était las et rassasié de pillages et d'exactions, de tyrannie et de crimes, de débauches sans nom et de saturnales sans fin, d'incrédulité, de scepticisme et de religions infâmes; les passions matérielles étaient assouvies et ne trouvaient plus d'aliments nouveaux à leurs désirs trop facilement satisfaits. Au milieu de cet épuisement des sens, de ce vide du cœur et de l'esprit apparut le signe de la croix. Des missionnaires, recrutés dans les rangs infimes de la société vinrent, au nom d'un Dieu fait homme pour racheter nos péchés par ses souffrances, ses humiliations et sa mort ignominieuse, prêcher la charité, l'humilité, l'amour du prochain, le pardon des offenses, l'abandon des biens de ce monde, le renoncement à ses plaisirs passagers pour le royaume des cieux et le bonheur sans fin de la vie éternelle. Au bruit de ces nouvelles doctrines le monde étonné se réveilla de son assoupissement; les apôtres firent rapidement des prosélytes d'une extrémité de la terre à l'autre; les nouveaux convertis, puissants et faibles, riches et pauvres, renoncèrent à tous les plaisirs, à tous les biens de la terre, et endurèrent avec joie les souffrances les plus cruelles, en témoignage de leur foi nouvelle; la religion de l'esprit apparaissant sur la terre eut des martyrs, la religion des sens n'en avait jamais eu : le sang des martyrs lava le monde des impuretés qui le souillaient et féconda la semence nouvelle.

Mais pour marcher à ses destinées où l'appelait l'Évangile, l'humanité avait besoin d'être régénérée par de nouvelles populations, de telle sorte que l'union intime du nouvel esprit évangélique et d'un peuple jeune dans la civilisation imprimât à celle-ci une face toute nouvelle, une force éclatante, un développement infini ; il fallait qu'un sang jeune et vigoureux fût infusé dans les veines épuisées de l'état social. Alors des flots de barbares surgirent de contrées inconnues et se précipitèrent par toutes les frontières sur l'Empire romain.

Ils y trouvèrent, d'une extrémité à l'autre, une seule société, la société chrétienne, fortement organisée, puissante par le solide attachement aux mêmes idées, laquelle ne céda point devant le torrent de l'invasion, étonnée de la trouver partout subsistante et forte. L'Église se fit l'intermédiaire des conquérants et des vaincus, parut aux barbares représenter la civilisation romaine, captiva leurs sens et leur imagination par l'image de Jésus crucifié, pénétra peu à peu leur société, et, en conséquence de la supériorité de l'intelligence active sur la force brutale, s'en empara complétement et la fit chrétienne.

III

Les Huns, venus des plaines de l'Asie centrale, s'avançant vers l'Europe, par leur choc contre les Slaves et les Germains, leur communiquèrent leur impulsion et déterminèrent la grande invasion. (406 ap. J. C.) Des flots de barbares se ruèrent sur l'empire et furent bientôt suivis d'autres torrents impétueux de peuples encore plus sauvages, accourant à leur tour à la curée des richesses renommées et longtemps convoitées du monde civilisé. L'invasion jeta plusieurs couches successives de barbares sur le sol envahi ; les premières au contact de la civilisation romaine s'en imprégnèrent rapidement et en subirent l'influence corruptrice ; celles qui vinrent ensuite, ayant conservé toute leur vigueur primitive, rendirent à l'élément barbare toute sa force trop tôt amollie et se laissèrent à leur tour peu à peu infiltrer par l'élément civilisateur ; de ce mélange continuels sortit avec toute sa grâce et son énergie la civilisation moderne.

Charlemagne mit fin à l'invasion, à l'état transitoire ; état de bouleversement continuel qui régit l'Occident durant quatre siècles.

Par l'anéantissement des diverses nationalités barbares et leur absorption dans son empire, il réunit tout le monde germanique dans un même moule, d'où devaient sortir les nations modernes, Allemagne, France, Italie. Avec l'aide des missionnaires chrétiens, il y fit pénétrer, jusqu'à l'Elbe et la Theiss, l'influence féconde du Christianisme, y jeta les germes vivaces de la civilisation future et en facilita le développement en arrêtant les derniers flots de la grande invasion.

Les Germains avaient apporté de leurs forêts le principe de l'indépendance personnelle ; les rois avaient distribué à leurs compagnons à divers titres, les terres conquises ; les bénéficiers, par suite de leur esprit d'indépendance, tendirent à rendre leurs possessions irrévocables, héréditaires, à se soustraire à l'autorité et à la dépendance du pouvoir royal. Charlemagne en fondant solidement la sécurité de la plus grande partie de l'empire ne put néanmois créer un lien puissant d'unité entre ses différentes fractions si hétérogènes ; il avait pu établir temporairement l'unité de domination par son génie vigoureux et par son activité prodigieuse, mais non l'unité de mœurs, de lois, de langues ; après lui, son empire, à l'abri d'invasions irrésistibles se disloqua et se divisa à l'infini ; cette débâcle favorisa les efforts des bénéficiers, qui se rendirent complétement indépendants.

Ainsi le règne du grand homme de la période barbare fut à la fois la source des nations modernes et de la société féodale du moyen âge.

L'unité religieuse fut le seul véritable lien de toutes les parties du vaste empire carlovingien, qui subsistât, solide et puissant, après la mort de Charlemagne. Comme successeur de saint Pierre et par sa résidence à Rome, qui faisait rejaillir sur lui l'idée de respect, de suprématie, de grandeur attachée au nom de la ville éternelle, l'évêque de Rome s'éleva peu à peu au-dessus de ses égaux en titre, et les mêmes causes qui avaient voulu la hiérarchie de l'Église voulurent aussi le couronnement de cet édifice par la reconnaissance d'un chef suprême qui fut le Pape. Les dons de Pépin le Bref et de Charlemagne fondèrent sa puissance temporelle (756 ap. J. C.)

La plus belle œuvre civilisatrice de l'Église en Europe est marquée par la conversion de tout le monde germanique à la religion et aux idées chrétiennes.

En même temps naît le double pouvoir spirituel et temporel de la Papauté et aussi du clergé.

La jouissance de riches biens temporels attachés aux abbayes, aux évêchés, à la Papauté, allait être l'écueil de l'Église et une cause de ruine pour son autorité morale, en y faisant naître la cupidité, l'ambition, en la mettant en conflit avec l'autorité temporelle et plus tard avec le droit des individus et des peuples.

<h2 style="text-align:center">IV</h2>

Trois phases sucessives et distinctes marquent le développement de la société moderne, depuis que son assiette a été fixée et régularisée par Charlemagne. Dans l'ordre politique la première est caractérisée par la féodalité, c'est-à-dire par la nullité des liens sociaux et politiques, par l'isolement de la vie individuelle ; la deuxième par la formation des nationalités ; la troisième le sera par l'association universelle. Dans l'ordre religieux ou spirituel, la première est caractérisée par l'unité spirituelle du monde issu de l'invasion, sous l'empire de la foi, par la théocratie pontificale ; la deuxième par les religions d'État, par la naissance et le développement du libre examen ; la troisième le sera par l'unité spirituelle recouvrée, sous l'empire de la raison, l'individu se soumettant de son libre arbitre et par raison aux lois immuables et divines de la morale éternelle.

V

La féodalité caractérise le premier âge, l'enfance des sociétés modernes ; avec elle prédomine la nullité des liens politiques, des relations sociales, l'isolement de la vie individuelle, qui demeure locale, restreinte, indépendante.

L'antiquité avait ainsi commencé ; l'homme avait d'abord été seul ; ensuite s'était formée la famille, puis la tribu par la réunion des familles, les nations par celle des tribus, enfin toutes les nations s'étaient fondues dans l'unité de la domination romaine.

L'homme a un sentiment inné qui est le plus puissant de tous, celui de sa dignité propre, lequel le mène au désir de l'indépendance personnelle ; les Germains l'introduisirent tout d'abord dans l'organisation de la nouvelle société.

Lorsque tous les éléments qui devaient la constituer eurent été apportés par l'invasion, se furent mêlés aux débris de l'antique civilisation, eurent pris racine dans le sol, eurent été assimilés par les conquêtes de Charlemagne et celles de l'Église dans tout l'empire d'Occident, ils enfantèrent le nouvel état social au milieu d'un désordre, d'une confusion extrême mais apparentes et de la souffrance générale de l'humanité. Combattre est l'occupation unique ; point de commerce, point d'industrie, la plus profonde ignorance, des pestes, des famines, des guerres locales et universelles, une dislocation générale de toutes les parties du grand corps. A ces signes effrayants, les fidèles croient à la fin du monde ; ces douleurs annonçaient l'enfantement de la nouvelle société.

Les liens sociaux et politiques de cette société dans les langes sont faibles et impuissants, mais un même et profond sentiment religieux unit toutes les âmes, sous l'empire absolu de l'Église, gardienne de la civilisation et des vérités morales ; la foi est le levier et le mobile de tous les actes, la société féodale a l'unité spirituelle.

Dans le désordre apparent et universel du onzième siècle, le clergé avait suivi la pente générale ; il s'était constitué féodalement, et la possession de biens temporels lui avait fait oublier sa mission spirituelle ; il était devenu guerrier, débauché, simoniaque, les rois faisaient trafic des dignités ecclésiastiques, les distribuaient à leurs barons, hommes barbares et sanguinaires ; on y arrivait à prix d'argent, d'intrigues, de torrents de sang ; certains Papes se livraient publiquement aux passions les plus honteuses ; des courtisanes donnaient la tiare ; les empereurs germaniques en disposaient à leur gré, et, souverains de l'Allemagne, de la Lorraine, de la Provence, de l'Italie, successeurs de Charlemagne, tendaient à établir à leur profit le Saint-Empire Romain.

Grégoire VII entreprit de réformer l'Église et de donner au Saint-Siége la domination religieuse et politique de toute la chrétienté. Par son audace et son génie, il fit sortir le clergé de son engourdissement, de son abâtardissement, lui rendit la pureté des mœurs, la liberté d'action, la dignité morale, et par suite son influence encore agrandie sur l'esprit des populations, qui retrouvèrent dans l'Église leur appui naturel. La querelle des Investitures surexcita un immense mouvement religieux, qui se prolongea en Allemagne jusqu'à la Réforme. En mettant à ses pieds le plus puissant souverain de la terre, le grand pape revêtit la papauté d'un éclat redoutable aux yeux des peuples, animés d'une foi ardente, et les prépara à obéir à sa voix, les appelant à la croisade; Urbain II, continuant son œuvre, jeta l'Europe sur l'Asie.

Ainsi, le premier âge de la nouvelle société est caractérisé par ces trois expressions : féodalité ou isolement de l'individu, foi ou lien fédératif et vie spirituelle des parties infinies du grand corps social, théocratie pontificale et domination du clergé.

L'intime alliance de ces trois éléments produisit le plus bel effort que l'humanité ait jamais fait en faveur d'une cause sainte. Les croisades furent la mission sociale de la féodalité arrivée à maturité, et l'écoulement extérieur de ses forces exubérantes. Résultat étonnant, digne d'admiration et plein d'enseignements ! La société la plus divisée, dont le manque de liens sociaux et politiques entre ses membres est le caractère le plus distinctif, donne le spectacle inconnu d'expéditions gigantesques par l'éloignement du but et par la foule innombrable qui, depuis le serf le plus humble jusqu'au seigneur le plus élevé, jusqu'au successeur des Césars germaniques, accourut y prendre part spontanément, aveuglément, à la voix de quelques moines d'une éloquence simple et pathétique.

La première croisade dénote l'individualité du monde germanique : c'est le premier grand fait qui constate l'existence d'une nouvelle société ; tout ce qui jusque là avait intérieurement remué l'Occident, n'avait été que travail d'enfantement. Ce premier pas se fait sous l'empire irrésistible du sentiment puissant qui domine toutes les âmes sous l'empire de la foi religieuse ; il marque l'immense éloignement de la société moderne de la société ancienne, par son but même tout désintéressé ; toute cette foule, serfs et seigneurs, est certainement aussi mue par quelques espérances matérielles ; mais ce qui l'anime surtout, ce qui l'enthousiasme, ce n'est pas un esprit de conquête, ni même un esprit de conversion, c'est un sentiment religieux, profondément ancré au cœur de chacun, qui le pousse vers les lieux, berceau de la religion et témoin de la vie et de la mort du Christ, avec l'espoir de se racheter de ses péchés, en les visitant, en y priant, et surtout en les délivrant de l'oppression des Infidèles ; Jérusalem ! Jérusalem ! est son cri d'espérance, et son signe de ralliement est la croix, qui enseigne à l'homme de mourir pour ses semblables.

Les croisades sont l'honneur et la gloire de la papauté, le meilleur fruit de son pouvoir exorbitant, l'acte le plus désintéressé de sa profonde et universelle influence.

Elles furent un coup de mort pour l'état social qui les avait enfantées ; l'isolement qui en était la base fut anéanti ; la vie locale et restreinte fut pour tous démesurément agrandie ; toutes les nations, toutes les classes concoururent au même but, se côtoyèrent, s'entr'aidèrent ; les seigneurs, par la vente de leurs biens et la cession de chartes au communes, par leurs longues absences, perdirent de leur crédit et de leur puissance ;

les peuples ayant besoin de chefs qui les dirigeassent, se ran-
gèrent autour de leurs rois, dont ils accrurent ainsi l'autorité,
et connurent leurs nationalités respectives.

VI

Les trois grands préceptes qui sont le fondement de l'Évangile se rapportent à l'observation de la morale divine, à la fraternité universelle, à la reconnaissance et à l'amour par dessus
toutes choses d'un Dieu unique. Les peuples barbares se sont
soumis tout d'abord à ce dernier, qui a engendré parmi eux une
foi naïve et profonde, source de dévouements ; la morale chrétienne régissant surtout l'individu a lutté longtemps avec des
succès très-lents contre les mœurs violentes et grossières de ces
hommes sortant des forêts de la Germanie et a fini par se faire
inscrire en tête de tous les codes des nations civilisées ; le pré-
cepte qui ordonne à tous les membres de la grande famille humaine de se regarder comme frères, doit être la base fondamentale de leur état social ; son triomphe complet et universel
est le but dernier auquel tend et arrive peu à peu l'humanité.

La jeunesse des peuples est marquée par l'isolement des individus, des familles ou des tribus, par la faiblesse de leurs relations réciproques, par le manque de sociabilité ; le sentiment
de la fraternité, mis au cœur de l'homme par la nature, par l'intérêt et surtout, dans les temps modernes, par l'éducation chrétienne, tend à les rapprocher, à les unir, en leur imposant le
sacrifice nécessaire d'une partie de leur individualité; le deuxième
âge est marqué par le rapprochement intime, par l'agglomération
tion sous une même loi, opposée à d'autres agglomérations du
même genre, des individus ayant affinité d'origine, de langage,
de mœurs, d'intérêts, c'est l'âge des nationalités.

Avec la décadence graduelle de la féodalité, la papauté des-
cend peu à peu les marches du trône si élevé où la foi des
peuples l'avait placée ; l'âge féodal et religieux étant terminé, le
pouvoir de la papauté tombe ; les rois sont les guides des nationalités ; un sentiment nouveau remplit et enflamme les cœurs;
l'amour de la patrie et non plus la foi religieuse est le stimulant
principal des actions humaines, de même la royauté prend la
place de la papauté dans l'affection et l'obéissance filiales des
peuples.

Le pape, père de tous les fidèles, a le même amour et la même justice pour tous; les nationalités se développant surtout par suite de l'antagonisme qui existe entre elles, le pape ne peut se faire le guide de l'une d'elles au détriment des autres. Son rôle, dans un pareil âge de transition, doit se borner uniquement à la direction suprême des intérêts religieux, des affaires spirituelles de l'Église; rôle rendu impossible par son titre de souverain temporel. Les Papes, chefs des Etats-Romains, ne peuvent conserver la neutralité vis-à-vis des prétentions des étrangers qui se disputent l'Italie et leur alliance; l'intérêt de leurs Etats prédomine dans leur esprit sur l'intérêt de leur pouvoir spirituel; les Papes deviennent des princes tout temporels et se font les représentants les plus habiles et les plus intéressés de cette politique déloyale, subtile et raffinée dans laquelle les Italiens cherchaient leur sûreté, en maintenant l'équilibre entre leurs puissants voisins.

Les nationalités se formant, chacune d'elles s'émancipe de la domination pontificale; l'église de chaque nation arrive à se donner ses libertés, sa discipline, ses usages, ses dogmes particuliers; avec l'âge des nationalités naissent, se forment et triomphent les religions d'Etat.

Les règnes de Louis XIV, dans sa dernière partie, et de Louis XV correspondent à l'apogée, en Europe, de la période des nationalités rivales, devant leur prospérité intérieure et leur agrandissement extérieur, à l'esprit d'exclusion et d'antagonisme et du système politique de soi-disant équilibre européen, dont le nom cachait alors la spoliation et l'oppression des faibles par les forts : le problème de l'équilibre européen ne pouvant être véritablement résolu que par l'association universelle.

Les guerres qui ensanglantèrent l'Europe avant la paix de Westphalie eurent de généreux et puissants mobiles, d'une part la liberté de l'Europe contre les prétentions de la maison d'Autriche, de l'autre la liberté de conscience.

François Ier et Henri II luttèrent défensivement contre la maison d'Autriche maîtresse de l'Espagne, de l'Italie, de l'Allemagne, de ses États héréditaires, des Pays-bas; Richelieu et Mazarin luttèrent offensivement contre la même maison, souveraine des mêmes pays, par suite de l'intime alliance de ses deux branches. L'antagonisme de la maison d'Autriche, qui menace la liberté de l'Europe et de la nation française qui en prend la

défense, caractérise donc principalement les guerres européennes qui précédèrent la paix de Westphalie; la Russie barbare, isolée par la barrière polonaise du contact de l'Europe civilisée, n'avait aucune part aux affaires de cette dernière; la
Pologne défendait sa propre existence contre les Russes et les
Turcs; l'Angleterre, occupée à l'intérieur par ses dissensions religieuses, se mêlait peu ou point des luttes du continent; si donc
on retranche de l'Europe la Russie, la Suède, le Danemark, la
Pologne, l'Angleterre, la France, les autres pays ne formaient
alors qu'un grand corps, absorbant dans son tout l'individualité
de ses différentes parties sous la conduite de l'ambitieuse maison qui en était l'âme.

Après la paix de Westphalie, le tableau change; l'individualité de l'Allemagne proprement dite, de l'Autriche, de la Prusse,
bientôt élevée au rang de royaume, de l'Espagne se dessine nettement; la Russie entre dans le cercle de l'Europe civilisée;
l'Angleterre attache par le Hanovre sa puissante personnalité,
qui a atteint son dernier développement par la révolution de
1688, au continent dont elle embrouille les affaires pour mieux
faire les siennes.

L'Europe est partagée en plusieurs grandes nationalités rivales, s'équilibrant les unes les autres, se dirigeant chacune en
vue de ses intérêts particuliers, gouvernées politiquement par
des rois absolus au nom d'un prétendu droit divin, indépendant de la papauté ou cherchant à le devenir, et spirituellement
par des religions d'État dont les formes changent d'une nation
à l'autre.

Un système d'équilibre entre ces diverses puissances de forces
à peu près égales, peut produire en général la stabilité de l'ordre
établi entre elles aux dépens des faibles; mais, dérivant de
l'esprit d'antagonisme, ne peut enfanter aucune entreprise grandiose, semblable aux croisades inspirées par l'esprit d'association. Cette époque, qui engendre la diplomatie tortueuse de
cabinet, est marquée, sous le rapport politique, au dix-huitième
siècle, dans son moment de plus bel éclat, au coin de la stéri-
lité et de l'égoïsme; des guerres de plusieurs années, guerres
de dynasties dans lesquelles l'intérêt des peuples n'est nullement mis en jeu, après de grandes dépenses d'hommes et d'argent et beaucoup de bruit, aboutissent à un résultat nul; aucun
grand et généreux mobile n'est le ressort de la politique euro-

péenne ; les rois ne tiennent aucun compte de leurs serments ;
le système des alliances européennes, fondées sur l'intérêt du
moment, est bouleversé à chaque instant ; l'Italie est partagée et
livrée comme une marchandise ; l'Autriche, la Prusse, la Russie scellent leur union par le renversement de tous les droits
des peuples, par l'infâme et perfide partage de la Pologne ; l'Angleterre attise avec son or les guerres du continent pour
être libre de tyranniser les mers ; par le despotique et insolent
droit de visite, elle couvre d'une tache ignominieuse son pavil-
lon signalé sur toutes les mers comme l'emblème de la pirate-
rie ; mais le triomphe de l'égoïsme sur la terre fait sa grandeur.

Les nationalités auront atteint leur virilité, les derniers de-
grés de leur développement social, lorsqu'elles auront conquis
le juste équilibre nécessaire entre les droits de l'homme, comme
individu, comme créature de Dieu, et ses devoirs comme ci-
toyen, comme membre d'une patrie commune ; c'est à ce résultat que tendirent la Réforme du seizième siècle et la Révolution française.

Le premier droit de l'homme et le plus sacré est de posséder
la liberté de conscience, qui seule donne de la force et de la dignité aux croyances religieuses. L'humanité moderne avait eu
pour symbole spirituel de son premier âge, du monde féodal,
la foi absolue ; en grandissant en âge et en raison, elle se
sentit agitée d'un violent désir de connaître la source, le fondement et le mérite de ses croyances ; elle voulut joindre la raison
à la foi.

Par la destruction de toute autorité, conservant la tradition,
en matière de foi et regardée comme inspirée de Dieu, Luther
ouvrit dans le monde l'ère du libre examen ; époque transitoire
et nécessaire pour arriver à celle où tous les hommes s'incline-
ront, avec la foi de l'intelligence, devant la même loi divine.

La Réforme fut, en quelque sorte, une protestation au nom
de l'Évangile contre les abus commis en son nom ; ce fut un
grand effort pour ramener l'Église chrétienne à la simplicité
évangélique ; mais Luther, ayant jeté à bas l'antique et sainte
autorité ou tradition qui avait commenté la Bible sous une ins-
piration regardée jusque là comme divine, voulut, à son tour,
d'une manière arbitraire et exclusive, tirer de l'Écriture sainte
d'autres prescriptions divines que celles qui ont rapport à l'observation de la morale la plus pure ; il n'inaugura par là qu'une

révolution partielle et bâtarde, plus propre à ne faire que des ruines qu'à élever sur celles de l'Église catholique une nouvelle Église universelle : d'autres mortels se crurent, dans leur orgueil, le droit et le pouvoir de l'imiter, d'interpréter, selon leur imagination, le sens de l'Écriture ; de là naquirent différentes sectes rivales, ennemies, intolérantes les unes envers les autres ; de là aussi sortirent le doute et l'indifférence, mal de cette époque transitoire dont nous avons parlé. L'homme, livré à lui-même, se laissa aller à toutes ses passions bonnes et mauvaises. à tous les entraînements de l'esprit enivré et sans frein ; l'individu fut exalté, l'anarchie s'éleva sur les ruines de l'Eglise ; ainsi, dans la vie spirituelle, les peuples ne suivaient point la même route que dans leur carrière politique ; dans celle-ci l'individu avait d'abord prédominé ; la nation avait ensuite absorbé et concentré dans une union intime les forces individuelles.

De la Réforme avait surgi, malgré son auteur même, le libre examen en matière de religion ; la philosophie du dix-huitième siècle appliqua ce principe d'inflexible analyse d'une manière universelle ; la raison voulut tout expliquer ; le scalpel fut porté dans toutes les parties de l'entendement humain ; aussi les effets de cette réforme du dix-huitième siècle furent universels comme elle.

Luther et ses rivaux n'avaient renversé qu'à demi l'édifice religieux du moyen âge, et de cet ébranlement partiel n'était sortie qu'une réforme incomplète ; ils n'avaient élevé que des ruines. Voltaire fit table rase de tous les fondements du passé religieux et chrétien ; ses attaques, faites au nom de l'esprit, dont il fut le plus illustre représentant sur la terre, eurent des résultats complets ; elles ne firent point naître, comme celles des réformateurs du seizième siècle, de nombreuses sectes ennemies, se refusant les unes aux autres le droit d'examen, mais l'indifférence, l'irréligion, l'athéisme même, et surtout la liberté religieuse, la liberté de conscience. Et dans les cœurs ainsi dépouillés radicalement des débris de l'antique respect pour les vieilles traditions, ne pouvant être satisfaits longtemps par l'indifférence et labourés incessamment par le doute, de nouveaux maîtres purent semer les germes féconds de principes non pas nouveaux mais oubliés ou altérés. Jean-Jacques Rousseau, acceptant la morale du christianisme et en repoussant le culte et les dogmes, admirateur passionné de l'Évangile, opposa le sentiment à la

2

raison, enseigna l'amour de l'humanité et la loi du dévouement social, et, parlant pour une époque qui n'était pas la sienne, jeta la première pierre de l'édifice social vers lequel gravite l'humanité !

En un mot, la philosophie du dix-huitième siècle, mise en pratique par la Révolution, a rendu à l'individu ses droits en l'affranchissant de la servitude dans l'ordre civil, politique, économique et religieux.

Les grands principes que la révolution, par les œuvres de l'Assemblée Constituante, mit en la place des assises renversées du vieux monde et que le premier consul donna pour bases fondamentales à la nouvelle société, issue de la révolution, furent posés dans la célèbre déclaration des droits de l'homme. Par ses formules abstraites, s'adressant à toute l'humanité, elle avait un caractère d'universalité qui devait la faire accueillir par tous les peuples comme l'Évangile de leurs droits. Elle proclama ceux de chacun à la liberté civile, politique, religieuse, à la sûreté individuelle, à la propriété, à la résistance à l'oppression, décréta l'égalité devant la loi de tous les hommes de toute race et de toute condition, et opposa au dogme du droit divin celui de la souveraineté du peuple.

L'Assemblée Constituante déclara que sa Constitution avait réalisé la parole de Jésus-Christ : c'est un mot profondément vrai ; la Révolution fut la mise en action des principes fondamentaux de l'Évangile ; elle se donna un caractère essentiellement chrétien en déclarant libres dès leur naissance et égaux entre eux tous les hommes de quelque race, de quelque condition qu'ils fussent.

VII

Tel est le but où, sous l'égide de la France, tendent maintenant les peuples, d'obtenir la jouissance de leurs droits naturels, de se donner des chefs nationaux, de constituer par l'unité et l'indépendance leurs nationalités respectives, lesquelles se fondront dans une association générale.

Dans le troisième âge, dont le caractère sera l'association universelle, et dont quelques faits dus à l'initiative de la France ont depuis la Révolution révélé la naissance, la base de la société sera la famille ; les agglomérations d'un certain nombre d'entre elles, unies par la conformité d'origine, de langage, de mœurs, d'intérêts, formeront les diverses nationalités ; lesquelles, s'étant étendues jusqu'à leurs justes frontières morales et ayant toutes leurs aspirations légitimes satisfaites, ne' seront plus rivales, et se fondront les unes dans les autres par des teintes graduelles ; elles auront des chefs reconnus comme tels par le suffrage universel ; leur accord sera maintenu par un congrès formé des députés de toutes les nations.

Dans le premier âge, la souveraineté de la société a appartenu aux papes ; dans le deuxième, aux rois ; dans le troisième, dans l'âge d'association, elle appartiendra aux peuples eux-mêmes.

Sous le rapport religieux s'achèvera l'émancipation complète de l'individu, commencée par la Réforme, au nom de la raison contre la foi aveugle ; les religions d'État disparaîtront ; la morale sublime de l'Évangile sera la règle unique de l'humanité ; sa première et plus belle loi, qui commande la fraternité universelle, sera le fondement de l'état social.

L'unité religieuse et politique de la société européenne sera le couronnement de la longue et douloureuse histoire de la civilisation.

VIII

O ma belle et noble patrie, quand ma pensée s'attache à toi, un long cri de reconnaissance jaillit de mon cœur pour la Providence qui t'a dotée de tant de bienfaits ! Placée au centre du monde civilisé, sous une latitude moyenne qui donne au caractère et à l'esprit de sa population toutes les variétés sans exagération ; admirablement divisée en bassins larges et divers d'aspects et de productions par les grands fleuves qui la sillonnent en tous sens, pays à la fois de plaines et de montagnes, ayant une longue étendue de côtes, en contact avec l'Allemagne, l'Italie, l'Espagne par sa limite continentale, la France, seule parmi les nations modernes, a donné le spectacle du développement lent mais régulier et constamment progressif de la civilisation ; aussi a-t-elle été constamment son guide en Europe, a-t-elle la première mis en pratique les idées les plus

libérales et les plus progressives, les principes de l'éternelle
morale et de l'éternelle justice, et les a-t-elle semés par tout
l'univers en les fécondant de son sang généreux.

La Gaule avait été la dernière conquête de Rome, qui y avait
implanté sa civilisation : les Barbares la pressant en même
temps sur la frontière du Rhin, elle s'est ainsi trouvée au juste
milieu de la civilisation et de la barbarie, qui sont venues se
confondre dans son sein de la manière la plus convenable pour
produire une civilisation nouvelle, pleine de grâce, de force et
d'avenir.

C'est contre son nouveau peuple, né de la grande invasion,
qu'est venu se briser le levier, le fléau de Dieu, le torrent
hunnique ; il a définitivement arrêté la course impétueuse des
musulmans arrivés en un siècle des bords de la mer Rouge au
sommet des Pyrénées ; ce fut le premier peuple barbare qui se
convertit au catholicisme ; il fut l'auxiliaire, l'appui le plus
puissant de l'Église civilisant le monde germanique ; il gran-
dit avec elle ; ses rois reçurent le titre de fils aînés de l'Église ;
l'un d'eux renouvela l'empire d'Occident, fut le plus grand
homme du moyen âge, mit fin à la grande invasion et jeta les
bases de la société.

C'est dans le sein de la France, et spécialement de la contrée
entre Meuse et Loire, que la féodalité s'est constituée le plus
fortement, que la chevalerie, qui en fut le fruit poétique et religieux, la face morale et civilisatrice, a pris naissance. La France
a fourni l'unique élément de la plus belle et de la plus désinté-
ressée des croisades, tous les rois de Jérusalem, un empereur
à Constantinople ; elle a envoyé les Normands conquérir les
Deux-Siciles, puis l'Angleterre.

Ce fut elle, la fille aînée de l'Église, qui porta les premiers
coups à la Papauté triomphante des Césars germaniques,
lorsque celle-ci eût perdu ses droits à la conduite des peuples ;
le roi saint et chrétien par excellence osa le premier mettre un
frein à ses prétentions exagérées ; par ses vertus chrétiennes,
saint Louis entoura la royauté d'une auréole de justice et de
sainteté ; il habitua les peuples à ne plus regarder la Papauté
comme l'unique source du bien, et à la place de cette dernière
mit la royauté dans leur affection.

La nationalité française est celle dont la croissance est la
plus régulière et atteint plus promptement toute sa perfection ;

par suite de diverses circonstances, les petits fiefs se sont fon-
dus d'abord dans les grands, puis ceux-ci dans le tout; l'union
de ces diverses parties fut cimentée par la guerre de Cent-Ans,
par la communauté d'efforts, de souffrances, de haines, par le
sang répandu pour la même cause nationale. Les Capétiens di-
rects avaient donné à la royauté un caractère de justice et
même de sainteté; l'expulsion des Anglais et la mission de
Jeanne-d'Arc, l'héroïne du peuple, à ses yeux envoyée de Dieu
pour le salut de la France, la revêtirent sous les Valois d'un
caractère national et divin, la réhaussèrent dans l'esprit de la
nation, qui unit intimement dans sa pensée le salut et la grandeur de la France à la grandeur et à la destinée de ses rois.

La nationalité française, à peine sortie des langes, tint tête à
elle seule aux prétentions de domination universelle de la maison d'Autriche sous Charles-Quint; elle servit en quelque sorte
de point d'appui au levier politique destiné à soulever et à
mettre en équilibre les intérêts des diverses nations de
l'Europe.

C'est en France que la réforme a produit le plus tôt son plus
beau fruit, la liberté de conscience; c'est elle qui la première,
par les édits de Henri IV et de Richelieu, reconnut officielle-
ment et solennellement le principe de la tolérance, de la liberté
religieuse en face d'Elisabeth proscrivant les catholiques et faisant monter Marie Stuart sur l'échafaud, de Philippe II livrant
les hérétiques aux flammes de l'Inquisition, des apôtres même
des nouvelles doctrines, aussi intolérants que leurs adver-
saires.

Les armes et la politique de Richelieu et de Mazarin, de la
France catholique, sachant concilier l'intérêt de la politique
avec celui de religion, brisèrent définitivement les efforts séculaires de la maison d'Autriche, menaçant la liberté de l'Europe,
dont elle aurait rompu l'équilibre à son profit en réalisant son
vœu d'une Allemagne une et catholique sous son sceptre.

Le règne de Louis XV correspond en France à l'apogée de la
marche progressive vers le pouvoir absolu de la royauté con-
ductrice des nationalités, comme autrefois la Papauté était celle
du monde féodal. Le pouvoir royal a brisé toutes les entraves
féodales, provinciales, parlementaires, municipales, aucune
classe n'a de droits politiques; d'un côté est la nation, de l'autre
le roi, qui la personnifie et ne relève que de Dieu seul. La figure

froide et majestueuse du grand roi, entouré de son cortége de grands hommes dans tous les genres, de la cour la plus polie et la plus brillante de l'Europe, modèle de toutes les autres, imposant par sa diplomatie et par ses armes le respect et sa volonté à toutes les puissances européennes, domine seule la nation fière, soumise et courbée tout entière autour du trône sous le même niveau politique, mais non sous le même niveau social ; l'Église gallicane, par sa déclaration de 1682, vint donner la consécration religieuse à cet imposant édifice national, sans rompre toutefois l'unité catholique spirituelle, en soustrayant à la juridiction temporelle du Pape l'Église nationale et la royauté qui a Dieu seul pour juge.

Au dix-huitième siècle, la philosophie française analysa le ciel et la terre, le monde matériel et le monde intellectuel, l'homme et Dieu, donna le jour à un ordre d'idées toutes nouvelles, imposa à l'Europe le joug de son esprit voltairien et réformateur, établit la puissance de l'opinion publique, inaugura dans la direction de la société européenne le règne des idées substitué à celui de la force, et enfanta la Révolution française, qui fit faire à l'humanité le plus grand pas dans le progrès, qu'elle ait faite depuis Jésus-Christ.

La Révolution ouvrit magnifiquement l'âge d'association par l'association universelle des opprimés de tous les pays contre l'insolence du despotisme ; la Convention décréta qu'elle accorderait secours et fraternité à tous les peuples qui voudraient recouvrer leur liberté.

Elle appliqua la première dans toutes ses conséquences le principe de la souveraineté du peuple.

Le plus puissant génie des temps modernes fut enfanté par elle.

Les deux principaux résultats des guerres de la République et de l'Empire, de la lutte gigantesque de Napoléon avec toute l'Europe, de sa marche triomphale par toutes les capitales du Continent, furent de semer en tous lieux les germes du fruit immortel de la Révolution, d'y faire prédominer, si ce n'est en Angleterre et en Russie, le principe fécond de l'égalité en droits de tous les hommes et de donner une nouvelle et puissante vitalité aux nationalités peu développées ou endormies de l'Espagne, de l'Italie et de l'Allemagne.

Les deux grandes fins de la politique napoléonienne furent

d'assurer, d'une part, la liberté des mers contre les prétentions tyranniques de l'Angleterre, et de l'autre, la liberté de l'Europe occidentale contre l'ambition de la Russie; les aristocraties russe et anglaise ne permirent pas la réussite de ce vaste plan.

Napoléon échoua parce que toutes ses entreprises, même les plus nobles dans leur but, furent basées sur la force et non sur l'inébranlable assise de l'opinion des peuples qu'il humilia et exaspéra par ses victoires réitérées, par les occupations prolongées et les lourdes charges qu'il fit peser sur eux, par sa façon arbitraire d'en disposer à sa convenance.

Napoléon viola la nature du principe d'association ; de volontaire que celle-ci doit être, il la rendit obligatoire ; il voulut la réaliser par la force entre tous les peuples de l'occident et du midi de l'Europe ; elle se brisa entre ses mains.

Après vingt-cinq ans de guerres, après avoir semé les nouvelles idées civilisatrices par toute l'Europe arrosée du sang de ses enfants, la France, rentrée dans ses anciennes limites restreintes, fut garrottée.

La cause de la France était celle de tous les opprimés en majorité parmi tous les pays ; il y avait entre elle et eux union magnétique, association tacite basée sur la souffrance commune ; aussi, à chaque effort de la France pour briser les chaînes de 1815, répondait un tressaillement universel, un long cri de joie et d'espérance par toute l'Europe volcanisée.

Aujourd'hui, s'étant affranchie des liens de 1815, la nationalité française est arrivée à son plus haut degré de force active ; c'est, d'une part, la nation dont le principe constitutif est celui de l'égalité ; c'est, de l'autre, un souverain issu du suffrage universel ; avec ces deux éléments fondamentaux, développant à l'intérieur les immenses sources de richesses en tout genre auxquelles la Révolution a fait prendre un essor prodigieux, débarrassée de toute entrave, la France est organisée pour agir puissamment à l'extérieur ; elle continue le rôle tracé par la Convention, ouvre l'âge d'association en guidant avec désintéressement les diverses nationalités européennes dans leurs efforts pour se former définitivement, est l'initiatrice de la dernière transformation de la constitution sociale et politique de l'Europe. Son souverain actuel a admirablement compris ses destinées ; la Turquie lui doit son existence, les Principautés-

Unies leur formation, la Suisse son triomphe dans la question de Neufchâtel, l'Italie son indépendance et son unité, la France une prospérité et une gloire inouïes, la primauté en Europe ; il accomplit lentement, avec prudence et sagesse, en s'appuyant sur l'opinion publique, ce que son oncle a voulu tenter avec précipitation, malgré la nature invincible des choses et par la force. L'acquisition de la Savoie est la plus belle conquête que jamais peuple ait faite ; un roi et sa nation, par l'organe du Parlement, ont cédé une province qui leur était chère, mais qu'ils comprenaient raisonnable d'abandonner, le donataire n'acceptant cette cession que lorsqu'elle eût été ratifiée par le consentement unanime du peuple ainsi concédé.

IX.

La lutte séculaire, persévérante et héroïque des Wisigoths chrétiens, partis des montagnes des Asturies, contre les Maures fit naître et développa l'esprit national en Espagne plus tôt et plus rapidement que dans les autres Etats de l'Europe.

Cette même lutte ne permit point à la féodalité de s'y asseoir en toute facilité ; elle produisit une sorte d'égalité entre les premières et les dernières classes, assura l'indépendance des villes, leur importance et leur immixtion dans le gouvernement, et nécessita la conservation, la vigueur et l'agrandissement du pouvoir royal.

Après l'expulsion des Maures, l'activité inquiète de la nation se tourna vers les entreprises maritimes ; l'Amérique et l'Asie devinrent sa proie.

L'énergie de l'esprit national, la possession par le peuple de libertés étendues, la réunion des différentes parties de l'Espagne sous un même sceptre pouvant tirer de l'Amérique d'immenses ressources, amenèrent, sous Charles-Quint, la nationalité espagnole à l'apogée de sa grandeur ; ce monarque, devenu empereur d'Allemagne, prétendit à la domination directe ou indirecte de l'Europe occidentale.

Mais les véritables intérêts de l'Espagne furent dès lors sacrifiés à ceux de la maison d'Autriche ; les souverains de la monarchie espagnole, armés d'un pouvoir absolu, se posant comme les champions du catholicisme en Europe, se jetèrent dans des entreprises exagérées, en vue d'intérêts étrangers à ceux de leur pays; négligeant les vrais fondements de la prospérité des États, ne sachant point assimiler à l'Espagne les populations soumises à son joug, ils l'épuisèrent d'hommes et d'argent, amenèrent et précipitèrent sa décadence complète. La nation espagnole, restant en dehors du mouvement révolutionnaire mais civilisateur de la réforme, montrant un mépris stupide pour les lumières et les mœurs de ses voisins, tomba, sous la domination de moines ignorants, dans la misère, l'impuissance et la barbarie.

Louis XIV lui donna pour roi son petit-fils, accueilli par les vœux d'une nation encore fière comme le choix de son dernier monarque; sous l'influence française, l'Espagne, débarrassée par le traité d'Utrecht de toutes ses annexes continentales et resserrée en elle-même, marcha à pas lents vers un nouvel avenir de prospérité.

Napoléon parvint, par l'abdication de la dynastie régnante, à mettre sur le trône d'Espagne un des membres de sa famille, il souleva contre lui la fureur d'un peuple fanatique, profondément attaché à ses rois, à sa religion, à son indépendance, excité par les moines ennemis d'une révolution les menaçant dans la jouissance de leurs immenses biens et de leur puissante autorité; cependant Napoléon apportait à l'Espagne réformes nécessaires, liberté, lumières de la civilisation. Le fils de la révolution eut à combattre l'insurrection spontanée d'un peuple entier; ce fut une violente secousse donnée à cette nation s'enveloppant jusque là gravement dans le manteau de la paresse, de l'ignorance, dans la vieille livrée d'une civilisation décrépite et stationnaire; elle marcha dès lors à travers mille obstacles à sa régénération, en se débarrassant peu à peu de tous les vieux intérêts et préjugés ancrés si profondément dans son sein.

Le peuple espagnol est essentiellement monarchique et catholique; c'est l'abus de ces deux conditions qui a hâté et prolongé sa décadence générale; la guerre de l'indépendance a singulièrement activé l'esprit public et national; la lutte y est permanente entre le parti absolutiste, le parti démocratique et le parti constitutionnel qui l'emporte; l'Espagne, au milieu des tentatives confuses et réitérées de toutes les opinions, tend à extirper de sa constitution sociale et politique les mille entraves d'un passé puissant, monarchique, féodal et religieux et à vaincre l'animo-

sité des vieilles divisions provinciales ; la féodalité y a été abo-
lie, la vente des biens du clergé décrétée est accomplie en
grande partie ; l'Espagne, dans la dernière guerre du Maroc, a
montré la force et l'enthousiasme de son esprit national ; elle a
perdu ses immenses colonies d'Amérique, qui se sont émanci-
pées ; sa destinée est pourtant toute maritime ; il faut que, sous
l'influence des idées libérales, elle se régénère complétement
dans toutes les branches de la civilisation, que la centralisation
de toutes ses parties devienne une vérité, que le Portugal s'af-
franchisse de la domination mercantile et de l'influence politique de l'Angleterre, ne fasse qu'un même corps avec l'Espagne ; Lisbonne serait la véritable capitale de la Péninsule
ibérique, contrée essentiellement maritime, qui a la mission de
civiliser l'Afrique septentrionale et occidentale de concert avec
la France.

X.

A côté de l'Espagne, la Méditerranée baigne la Péninsule
italienne.

Pépin et Charlemagne, en venant au secours du Pape contre
les Lombards, et assurant à la Papauté la souveraineté d'une
partie de l'Italie centrale, empêchèrent ainsi l'Italie de tomber
tout entière sous la domination d'un seul peuple germanique et
amenèrent, dès l'origine de la société moderne, le morcellement
politique de cette contrée en trois divisions principales.

Le Nord était germanique, et la féodalité s'y était implantée
avec les Lombards et les Francs ; mais, sous l'influence des débris encore vivaces de la civilisation et du régime municipal
romains et par suite d'un commerce considérable, les villes
seules y devinrent prospères, riches, puissantes ; ce furent autant de centres de domination, indépendants les uns des autres, qui ne furent qu'un moment unis contre les prétentions
tyranniques des empereurs d'Allemagne.

Le même esprit de rivalité qui avait longtemps retardé leur
triomphe dans la guerre contre l'Empire, les désunit encore
quand il fut assuré ; mais la guerre de l'indépendance et les
luttes intestines des cités avaient donné une excitation puissante
et une activité féconde à tous les esprits ; l'Italie du nord, vi-

vant de sa propre vie depuis la chute des Hohenstaufen, arriva à un degré de prospérité matérielle et spirituelle très-avancé, fut alors la patrie de la liberté, des arts et de la civilisation ; le servage n'y existait pas ; la grande féodalité avait disparu dans les guerres ; la petite noblesse était à la remorque de la bourgeoisie, seule en possession de la richesse et de l'influence.

L'isolement des villes entre elles et les droits des citoyens dans les diverses cités s'étaient particulièrement développés ; aucune autorité assez vigoureuse et assez considérable ne s'était élevée, qui pût imposer à toutes l'union aux dépens d'une partie de leur individualité ; l'esprit de localité avait surtout prévalu ; il en résulta que l'Italie du nord, sans pouvoir central, fut partagée en une foule de souverainetés, principautés ou tyrannies, républiques démocratiques et aristocratiques plus ou moins puissantes, jalouses et indépendantes les unes des autres.

La force de la société contemporaine réside tout entière dans la profession des armes ; la nation italienne bourgeoise, artistique et littéraire par excellence, l'avait négligée, abandonnée, et n'employait que des mercenaires ; elle était amollie par les douceurs du luxe et les plaisirs délicats d'une civilisation trop hâtive.

Elle se trouva faible et désunie devant l'ambition des étrangers et tomba sous le joug des Français, des Allemands, des Espagnols, venant s'abreuver à ce puits de lumières nouvelles, à ce réceptacle de toutes les connaissances humaines.

Elle expia sa grandeur antique et l'éclat anticipé de sa civilisation moderne, qu'elle avait donné en pâture à ses oppresseurs par le veuvage de sa liberté ; elle ne s'appartenait plus ; sa nationalité, étouffée sous la domination étrangère, fut une lettre morte ; chaque traité la morcela, sans qu'elle fût consultée, d'une façon nouvelle et capricieuse, en lui imposant des souverains étrangers, la vie politique de son peuple fut nulle.

Le Piémont seul se remuait, tenait un rang distingué dans l'Europe et s'agrandissait lentement, sachant profiter sûrement, suivant les circonstances, de sa position, qui en faisait le portier des Alpes, de l'alliance de l'Autriche ou de la France.

La culture intellectuelle avancée de l'Italie la préserva des excès du catholicisme ; foncièrement catholique, elle resta, pendant les orages de la réforme, fidèle à la religion avec laquelle s'identifiait sa civilisation.

La Révolution française la fit sortir de sa léthargie morale et politique ; les Italiens se régénérèrent au contact des Français ; leurs soldats rivalisèrent de bravoure avec ceux de leur belliqueuse voisine ; Napoléon essaya l'unité politique de l'Italie sous la domination française, adoucie par les bienfaits de la Révolution, qu'elle apporta avec elle ; sa chute la replongea dans les fers ; mais les cendres de l'édifice national élevé par Napoléon couvaient le feu ardent de la liberté, que la Révolution et lui y avaient allumé.

Les derniers événements sont le résultat et le triomphe des tendances invincibles d'un peuple régénéré par les souffrances, par le martyre auquel le condamnait la tyrannie d'une domination étrangère s'appesantissant de plus en plus lourdement sur lui à chaque velléité d'indépendance. Dans le malheur même il a puisé le violent désir de la liberté et le courage de la conquérir ; dans les revers, l'expérience qui lui manquait et par-dessus tout le sentiment de l'unité reniant les antiques franchises municipales et provinciales qui avaient fait la grandeur de quelques-unes de ses parties, mais la faiblesse du corps même de la nation. L'Italie des Alpes à la Sicile, de la Méditerranée à l'Adriatique, sera un jour constituée en une seule nation ayant Rome pour capitale, sous un sceptre constitutionnel, garantissant à ses citoyens la jouissance et l'exercice de leurs différents droits.

Et quel vigoureux appui et quelle force invincible cette résurrection à la vie d'une nationalité dont on désespérait, au nom de l'indépendance des peuples et de leur droit de se choisir leur gouvernement, n'apportera-t-elle pas aux principes immortels de la Révolution française dans leur dernière lutte contre l'esprit rétrograde et réactionnaire ! Une nation de vingt-cinq millions d'âmes animées par le feu sacré de la liberté, est devenue la sœur fidèle de la France ; la Savoie forme entre elles deux un lien indissoluble ; la défaite de 1815 est désormais impossible ; que les opprimés de tous les pays tressaillent d'espérance ; le jour de leur délivrance est proche.

XI

Durant la dislocation de l'empire carlovingien, l'Allemagne fut la barrière de l'Occident contre l'invasion, qui avait recommencé ses redoutables attaques avec les Normands au nord, les Moraves et ensuite les Hongrois à l'est. La féodalité n'étant pas dégagée de préoccupations extérieures ne pouvait s'y asseoir aussi largement qu'en France, nullement menacée dans son existence ; l'Allemagne contre les barbares avait besoin d'un chef puissant ; par une réaction naturelle, le pouvoir de ce chef devait grandir avec les services rendus.

Les souverains teutoniques élus se firent donc les successeurs de Charlemagne dans sa principale mission, celle d'arrêter l'invasion ; ils conservèrent, agrandirent leur autorité, et allèrent jusqu'à vouloir rétablir l'empire d'Occident ; il en résulta que l'œuvre féodale, qui eut son cours en France au neuvième et au dixième siècle, ne se développa complétement en Allemagne que beaucoup plus tard, vers le milieu du treizième siècle, à l'époque du grand interrègne, jusqu'au commencement du quinzième siècle.

Henri l'Oiseleur et Othon le Grand mirent fin aux incursions des Hongrois ; Othon se fit couronner roi d'Italie, dont la possession donnait la couronne impériale, qu'il prit à Rome (962) ; les empereurs attachèrent dès lors aux pieds de l'Allemagne le boulet de l'Italie, où, sans profit pour celle-là, ils usèrent leurs forces et leur puissance dans une lutte funeste avec la Papauté et les cités lombardes, qui encouragea les progrès de la grande féodalité en Allemagne.

Le défaut d'une loi d'hérédité fut l'origine du grand interrègne (1250-1273), période anarchique pendant laquelle les princes, les villes enrichies par le commerce, les seigneurs laïques et ecclésiastiques s'affranchissent, s'agrandissent, s'immédiatisent ; les droits régaliens sont partout usurpés ; l'autorité impériale s'avilit, se dégrade, tombe de plus en plus bas, l'Italie est abandonnée.

Au commencement du seizième siècle, la féodalité allemande était dans toute sa force d'expansion ; les idées luthériennes vinrent par leurs principes dissolvants augmenter l'anarchie qui divisait et affaiblissait l'Allemagne ; l'esprit d'indépendance politique qui animait électeurs, princes, seigneurs et villes de l'Empire reçut une nouvelle impulsion des aspirations à l'indépendance religieuse.

Dans la guerre de Trente-Ans, la France et la Suède, intervenant en faveur des Etats protestants de l'Allemagne, empê-

chèrent l'union, sous une seule autorité, de toutes les parties
de ce grand corps, qui aurait par là dominé toute l'Europe mal
assise sur ces fondements.

Le traité de Wesphalie consacra les droits de la souveraineté
au spirituel et au temporel de chaque État de l'Empire : le
nombre de ces États fut fixé à trois cent quarante-trois, l'esprit
d'unité au profit de la maison d'Autriche fut donc vaincu,
mais le traité de 1648 fut pour l'Allemagne le point de départ
d'une nouvelle ère, d'une marche lente mais caractérisée vers
l accomplissement de sa nationalité et de son unité, en la déta-
chant de l'autorité impériale, en lui donnant dans la diète une
ombre de pouvoir, central. indépendant et national.

A cette époque, l'Allemagne, dont la nationalité n'est pas
franchement dessinée, n'a pas non plus d'Église nationale ; le
luthéranisme, le calvinisme se disputent le Nord, le catholicisme domine au sud.

Sous la République et l'Empire, elle fait de nouveaux pas
dans sa nouvelle carrière ; par suite de la suppression de la
noblesse immédiate, de la sécularisation des États ecclésiastiques et de la suppression d'un grand nombre de villes impéria-
les, elle est soustraite complétement à l'action dominatrice et
embarrassante de la maison d'Autriche ; le titre d'empereur est
aboli ; ces mêmes causes brisent de puissantes entraves à son
développement vers l'unité ; le nombre des États est de beaucoup restreint ; les autres en reçoivent de notables agrandisse-
ments et des titres plus élevés ; le pouvoir y est centralisé au
profit des souverains territoriaux, débarrassés de toute dépendance féodale extérieure. Napoléon forma sous son protectorat,
la Confédération du Rhin, dans laquelle entrèrent la Bavière, le
Wurtemberg, Bade, la Hesse-Darmstadt, la Saxe et dix autres petits princes ; le royaume de Westphalie constitué, sous un prince
français, avec le Westphalie, la Hesse-Cassel, le Brunswick, le
Hanovre, les provinces prussiennes entre le Rhin et l'Elbe ;
toutes les côtes jusqu'à Hambourg firent partie de l'Empire
français ; dans ces diverses contrées furent introduites les lois
françaises ; l'administration, l'impôt, la législation durent être
uniformes ; ce fut donc, sous l'influence française, comme une
sorte d'essai de l'unité de l'Allemagne. Mais tous ces change-
ments furent pratiqués indépendamment de la volonté des peuples, sans les consulter, en disposant d'eux très arbitrairement ;

ils ne sentirent que les maux provenant d'une occupation étrangère, lourde et continuelle, des impôts nouveaux et de la conscription ; ils furent violemment froissés dans leurs sentiments nationaux, des défaites réitérées de la Prusse et de l'Autriche ; ils se soulevèrent unanimement aux cris de liberté et d'indépendance. Le mot d'ordre des sociétés secrètes allemandes était unité, suppression de toute distinction entre les divers peuples et les diverses classes de l'Allemagne ; ce fut la première guerre nationale qui ait vraiment embrasé d'un même feu l'Allemagne tout entière ; sous l'empire tendirent donc à se former à la fois, d'une manière puissante, son indépendance de la maison d'Autriche, son unité, sa nationalité.

La nouvelle constitution de la confédération germanique l'a remise en partie sous la lourde et antique influence de l'Autriche, mais celle-ci a pour contre-poids l'action prédominante de la Prusse, bien plus allemande que sa rivale. L'Allemagne tend lentement à constituer son unité, qu'elle atteindra par la création d'un pouvoir central, fort et indépendant, représentant les intérêts des peuples et non exclusivement ceux des princes, à englober dans son sein, dans son tout, les provinces qui en sont séparées et qui sympathisent avec elle d'origine, de mœurs et de langage, tandis que les divers peuples dans les divers Etats revendiquent en premier lieu leurs droits politiques contre des princes qui trouvent dans la diète présidée par l'Autriche un appui trop certain.

Le retour à la France des provinces rhénanes et la formation d'une Allemagne une et indépendante, sont deux conditions nécessaires à la paix future de l'Europe. Les traditions nationales, l'intérêt de la France demandent que sa frontière soit reculée jusqu'au Rhin ; son intérêt commercial, politique, militaire, exige qu'elle soit en possession d'une rive de cette grande artère européenne, et du cours inférieur de fleuves dont elle n'occupe que le cours supérieur ; ses traditions nationales lui rappellent que les provinces rhénanes ont autrefois été françaises, qu'elles le sont encore de mœurs et de sentiment, et que leur dépendance de l'étranger est le dernier souvenir vivant des traités de 1815, la dernière trace outrageante de la haine et de l'effroi de l'Europe ; leur possession par l'Allemagne serait une cause permanente de mésintelligence entre les deux peuples ; elles doivent servir de trait d'union entre eux comme la Savoie entre la France et l'Italie. Une Allemagne divisée et faible, avec la Prusse et l'Autriche affaiblies, deviendrait alors le champ clos de la France et de la Russie, s'en disputant la prépondérance ; elle serait une source incessante d'hostilités entre ces deux puissantes nations, de troubles et de guerres pour l'Europe ; le sentiment national des Allemands se révolterait d'ailleurs contre un pareil abaissement devant l'influence étrangère, et tendrait toujours à une organisation plus compacte, plus forte, plus indépendante.

Pour la dignité de ce peuple comme pour la tranquillité de l'Europe, la constitution d'une Allemagne une, forte et indépendante, est nécessaire.

XII

Dans son sein est né un royaume tout moderne, qui a pris une extension subite et démesurée, et semble destiné à relier tous les tronçons désunis de ce vaste corps.

La Prusse a grandi en influence et en territoire, par les secours qu'elle prêta d'abord aux protestants dans la guerre de Trente-Ans, puis, à la maison d'Autriche, dans sa lutte contre Louis XIV ; elle jeta successivement, du Niémen au Rhin, à travers tout le nord de l'Allemagne, les bases d'un nouvel empire, ayant une clef sur chaque grand fleuve, et les mêmes puissants voisins que le peuple de cette contrée, étant par suite bien plus que l'Autriche solidaire d'intérêts avec lui. Sa prospérité, sa grandeur, sa nationalité, sa renommée, se développèrent magnifiquement sous Frédéric le Grand, qui combattit et vainquit l'Europe coalisée contre lui ; il fit de la Prusse une monarchie militaire ; son gouvernement était absolu ; le protestantisme y dominait. Dès lors la nationalité prussienne marcha à l'accomplissement de ses destinées en Allemagne.

C'est avec elle que l'Empereur conçut le projet de former une grande nation allemande ; par la sécularisation des États ecclésiastiques, elle reçut de lui d'importants accroissements de territoire, et devint tout à fait prépondérante dans le nord de l'Allemagne ; plus tard, pour se l'attacher complétement, Napoléon lui fit don du Hanovre, et il eut la pensée de faire prendre à la maison de Brandebourg le titre impérial ; mais la dynastie prussienne était liée par trop d'intérêts avec le régime passé, pour rompre complétement avec ses complices du crime dans le partage de la Pologne ; la noblesse, l'armée, le sentiment national de l'Allemagne, ses alliances, la jetèrent dans une voie impolitique qui amena la ruine momentanée de la Prusse.

Les traités de 1815 la relevèrent agrandie en territoire, et dans le sentiment national allemand.

Depuis 1813, son influence s'est accrue prodigieusement en Allemagne ; elle est devenue l'espérance de tous les patriotes ; elle a fondé l'unité commerciale par le Zollverein, cherché à établir l'unité religieuse, en fondant les deux Églises, luthérienne et calviniste, en une Église évangélique chrétienne ; a fait entrer ses États slaves dans la Confédération ; un jour le roi de Prusse a pris le titre de roi d'Allemagne, un autre jour il a été nommé empereur par la Constituante de Francfort ; le gouvernement prussien actuel s'inspire des idées libérales, défend contre la Diète les intérêts des peuples, se pose comme le représentant de l'idée nationale, vise, en un mot, de toutes les manières, à l'hégémonie de l'Allemagne au détriment de l'Autriche. L'immense majorité de la population prussienne est allemande d'origine, de mœurs, de langage, de religion ; les provinces rhénanes et les provinces polonaises la lient politiquement aux ennemis de la France ; la Prusse les perdra tôt ou tard ; alors elle deviendra uniquement allemande, et trouvera le salut de sa grandeur dans la direction de la grande nation dont elle est issue et dont elle constituera l'unité et l'indépendance.

XIII

Jusqu'au traité de Westphalie, l'individualité de l'Autriche, comme nation, a été peu caractérisée ; ce traité, en enlevant aux empereurs la direction principale des affaires de l'Allemagne, amena les chefs de la maison d'Autriche, revêtus du titre impérial, à concentrer leurs soins sur leurs États héréditaires, à y chercher les bases de leur grandeur, à se faire complétement Autrichiens ; le traité d'Utrecht eut le même résultat en séparant leurs intérêts de ceux de l'Espagne acquise aux Bourbons, et fit de l'Autriche l'État en apparence le plus puissant de l'Europe en lui donnant le royaume de Naples, le Milanais, les Pays-Bas ; les victoires du prince Eugène lui assurèrent la possession de la Hongrie, que la Turquie lui disputait jusqu'alors avec avantage, et étendirent son territoire de ce côté ; la guerre de la succession, pendant laquelle Marie Thérèse ayant à lutter contre ses voisins, sut rallier autour de son trône ses peuples divers par l'amour et l'enthousiasme qu'elle leur inspira, dessina nettement la nationalité autrichienne. Joseph II voulut la compléter en formant un tout homogène de tant d'États divers, par la destruction de la féodalité, par la réalisation de l'unité politique et administrative, de l'unité même de coutumes et de langage, sous le pouvoir absolu du roi, indépendant de la papauté : ses réformes, ses tentatives échouèrent devant la profonde variété de mœurs, de langage, d'intérêts, de religion des peuples dont le faisceau formait son empire, devant la vigueur de la féodalité, le peu d'importance de la bourgeoisie, l'ignorance et le servage du peuple, et devant la nécessité de fortifier par une intime alliance le trône et l'autel menacés par l'esprit révolutionnaire.

L'Autriche co-partageante de la Pologne, souveraine oppressive des Pays-bas, de la Lombardie, devait être l'ennemie la plus intéressée de la France révolutionnaire, appelant les peuples à la liberté ; soldée par l'or anglais, elle fit en effet partie de toutes les coalitions, sauva l'Angleterre des plus grands dangers et par là éternisa la lutte ; ses défaites réitérées lui firent perdre provinces et provinces et toute influence directe en Allemagne ; en 1809, Napoléon eut la pensée de lui porter les derniers coups en décrétant sa division en trois royaumes : Bohême, Autriche, Hongrie ; il recula et se borna à lui enlever de nouveaux territoires ; il augmenta sa haine et son désespoir, qui se cachèrent sous le don d'une archiduchesse mise dans le lit impérial du fils de la Révolution et se traduisirent par sa défection en 1813 ; les traités de 1815 la récompensèrent de sa constance dans la haine et de sa trahison.

Elle se fit dès lors le bras droit de la Sainte-Alliance et s'appliqua à étouffer les généreuses tentatives des peuples gémissant sous l'oppression.

Aujourd'hui que chaque nationalité revendique ses droits et son indépendance, l'Autriche, qui n'est qu'une juxtaposition de peuples de races différentes, est menacée d'une destruction to-

tale et doit être l'adversaire acharné du mouvement rénovateur
qui agite les nations opprimées. Italiens, Allemands, Slaves,
Madgyares sont antipathiques à la centralisation autrichienne ;
Schwartzemberg a cru sauver celle-ci, en 1848, en décrétant
l'égalité de tous les citoyens de toute race dans l'empire et l'a-
bolition de toutes les servitudes personnelles et foncières ; mais
l'Autriche n'a pu échapper à la ruine qu'en excitant l'antagonisme des races italienne, madgyare, croate et en appelant la
Russie à son secours. Le courant des nécessités sociales, arrêté
pour un moment, reprend sa marche avec une force nouvelle et
irrésistible ; l'Italie a donné le signal du réveil des nationalités ;
la Lombardie a été affranchie ; la Vénétie le sera ; la Hongrie
jamais domptée réclame ses antiques libertés ; la Bohême, en
1848, a réclamé les siennes. Les diverses races paraissent avoir
oublié leurs anciennes animosités, et se tendre la main ; cet empire se brisera-t-il en trois fractions séparées, l'Autriche allemande se réunissant à l'Allemagne, la Bohême, la Hongrie indépendantes ? la maison d'Autriche doit redouter ce dernier résultat de ses continuels et impuissants essais d'unité.

Il lui reste à prendre une résolution extrême que son orgueil
et d'autres desseins impuissants ne lui permettront point de
prendre, par laquelle son jeune empereur ferait droit aux légitimes aspirations de ses peuples, se ferait élire, comme roi national, par la Diète hongroise et chercherait, comme autrefois
Marie-Thérèse, dans l'amour et l'énergie du peuple madgyare,
dans les vastes ressources de ce beau royaume de Hongrie, vrai
centre de la monarchie, le salut et l'unité de la grandeur de
l'Empire.

XIV

L'empire d'Autriche touche à l'empire turc, dont il a autrefois arrêté l'immense et rapide extension menaçante pour
l'Europe.

Constantinople, dans le déluge de l'invasion barbare, avait été
la véritable arche de la science et de la civilisation, dont elle
avait transmis les trésors à l'Italie, lors de la conquête musul-
mane. Elle était alors devenue, elle et son empire, la proie d'un
peuple tout différent des autres peuples chrétiens de l'Europe,
par ses mœurs et par sa religion.

L'état actuel moral et matériel de l'empire turc fait honte à l'Europe civilisée. C'est une proie que convoitent l'Autriche, la Russie, l'Angleterre ; mais la jalousie de ces puissances, l'intérêt et l'honneur français ne permettront point de partage.

La nationalité grecque est restée, au sein même de l'empire, vivace et distincte par la conservation de sa langue et de sa religion ; elle s'est traduite par l'indépendance de la Grèce ; les chrétiens, Hellènes et Slaves, forment l'immense majorité de la population de la Turquie d'Europe ; la dernière guerre d'Orient, en leur garantissant la jouissance et le libre exercice de leurs droits naturels mis sous la protection des puissances, en leur inspirant le violent désir d'en jouir sans restrictions injustes, leur a fait faire un grand pas vers l'accomplissement de leur destinée ; ils expulseront les Turcs de l'Europe et fonderont un vaste empire grec.

La création des principautés unies, adoptée par les Roumains avec tant d'unanimité et tant d'enthousiasme, a donné à l'empire turc une barrière forte par la vitalité de l'esprit national roumain et par la garantie des puissances, contre l'ambition de la Russie, et est d'un exemple séduisant pour les contrées voisines gémissant sous l'oppression.

L'Egypte, régénérée par l'expédition française et par les habiles réformes de son vice-roi, tend à l'indépendance.

Les diverses contrées espagnole, italienne, française, grecque, égyptienne, sont appelées à un magnifique avenir par la réalisation d'une œuvre naturelle, toute de civilisation, demandée à grands cris par le bon sens de l'opinion publique, contre laquelle lutte l'égoïste Angleterre. Le percement de l'isthme de Suez est destiné à avoir une influence décisive sur la régénération des peuples des Péninsules méridionales, et fera du lac méditerranéen, comme dans l'antiquité, le centre actif de la civilisation. Constantinople, avec le plus beau port du monde, à deux pas de la plus grande voie navigable de l'Europe, laquelle traverse le continent dans presque toute sa longueur, à la jonction, après le percement de la mer Rouge, de la Méditerranée et de la mer Noire, des continents asiatique, européen, africain, semble avoir été bâtie pour être la capitale du monde entier et, ville essentiellement fondée en l'honneur du Christianisme, après avoir été la dernière capitale de l'empire romain et du monde musulman, semble devoir revenir à sa véritable destination, celle du capitale de l'univers chrétien.

XV

La Russie étend la main vers elle ; l'ombre de ce colosse gigantesque la couvre constamment comme celle d'un immense et sombre nuage prêt à verser la mort sur elle.

L'empire russe moderne est né de la réaction nationale contre la conquête mongole, dont Ivan III, grand-duc de Moscou, prit l'initiative à la fin du quinzième siècle ; il marcha dès lors par des conquêtes successives à une extension immense dans le continent asiatique et dans le continent européen, dans celui-ci au détriment de la Suède, de la Pologne, de la Turquie.

Pierre le Grand mit son peuple sous le joug du despotisme civil et religieux du czar, le recouvrit d'un vernis de civilisation européenne, ouvrit la communication de son empire avec l'Europe par la Baltique, en transportant la capitale sur ses bords et le dota, sur un pied respectable, de toutes les sources de puissances qui lui manquaient.

Sous Catherine II, dans le même temps que la révolution française appelait les peuples à la liberté, la Russie consomma par la perfidie et la violence la ruine de la plus forte barrière de l'Europe occidentale contre son ambition ; la Russie, la Prusse, l'Autriche scellèrent au profit de la première, leur alliance contre les idées nouvelles sur le cadavre de la Pologne abandonnée.

La Russie, se réfugiant dans ses déserts glacés après une bataille perdue, échappant par son éloignement aux conséquences de ses défaites, fut l'auxiliaire constante de ses deux complices. Quoique vaincue à Austerlitz, Eylau, Friedland, elle vit Napoléon vouloir non pas entamer sa puissance et son territoire, mais s'associer avec elle pour le partage de la domination européenne, en lui sacrifiant la Suède, la Pologne, la Turquie, les véritables barrières de l'Occident contre elle. En 1812 Napoléon reconnut toute l'étendue du danger dont l'Europe était menacée, par l'agrandissement démesuré du colosse russe, et réunit tous les peuples de l'Occident dans une croisade gigantesque contre les nouveaux barbares du Nord ; les flammes de

Moscou la sainte excitèrent dans l'âme du peuple russe le sentiment national et religieux ; l'invasion ne fit que donner une
plus grande impulsion à la marche ascendante de l'influence
russe en Europe ; le czar fut acclamé par les peuples comme
leur libérateur ; la Russie, n'ayant pour contrepoids à sa puissance que la jalousie de ses alliés qui lui devaient leur délivrance, devint prépondérante en Europe.

Cet empire sans limites doit son accroissement prodigieux à
l'unique force matérielle ; la conquête éternelle est son but et
son moyen, comme le développement constant et universel de
la civilisation est le but et le moyen de la France. Le czar
exerce un despotisme civil, militaire et religieux le plus absolu ;
il est le chef vénéré de la religion, le véritable Dieu de ses sujets
soumis et tremblants ; les paysans, lui devant leur affranchisse-
ment, joindront à l'obéissance passive le dévouement de la reconnaissance. Lorsque la Russie aura développé à l'intérieur
toutes les ressources matérielles de la civilisation des temps
modernes, cet empire, représentant de tous les genres de despotisme, du privilége aristocratique et de l'esprit rétrograde de
conquête, sera le dernier refuge des oppresseurs, l'adversaire
redoutable de l'Europe méridionale représentant de la liberté,
de l'égalité et de l'esprit progressif d'association chrétienne.
Peut-être la croisade de 1812 devra-t-elle se renouveler, avec
cette différence que les peuples, comprenant le danger mutuel
qui les menace, s'uniront spontanément contre l'ennemi commun et ne seront pas associés par force dans une entreprise
dont ils sentiront cette fois la véritable importance ? Nous ne
pouvons pas admettre que la malheureuse et héroïque Pologne,
qui a préservé tant de siècles l'Europe des invasions tartare et
turque, tombée sous les coups de voisins ingrats, perfides et im-
placables, ne se relève pas ; elle renaîtra de ces cendres au
souffle de l'esprit de nationalité qui s'élève de l'Occident ; ainsi
seront réparées une grande ingratitude et une grande faute.
La Pologne, reconstituée comme nation libre, doit être le monu-
ment du triomphe définitif de la révolution, qui naissait alors
qu'elle tombait, sur les puissances qui avait juré haine et guerre
éternelles aux droits des peuples sur les ruines de la république
polonaise ; les nationalités scandinave, polonaise, hongroise, rou-
maine doivent devenir le rempart de l'Europe occidentale ;
ainsi pourront être démenties les sinistres prophéties dans les-

quelles celles-ci est comparée à l'antique Grèce, faible par sa désunion, et les Russes sont regardés comme les Macédoniens des temps modernes. La véritable mission de la Russie est en Asie, dont elle couvre déjà le tiers de sa domination civilisatrice, gagnant chaque jour de nouveaux terrains et fixant au sol les populations nomades qui acceptent sa suprématie, tandis que les autres nations maritimes y font pénétrer par le midi les lumières du progrès.

XVI

La conquête normande implanta dans toute sa vigueur au onzième siècle, le régime féodal en Angleterre ; le roi ayant pris la principale part territoriale et exigé le serment direct des simples chevaliers, fut le chef tout-puissant de la féodalité anglaise ; les conquérants, par crainte des vaincus, durent rester unis et serrés autour de leur roi ; les fiefs ne s'isolèrent pas, comme en France, dans leur indépendance ; mais lorsque cette crainte fut affaiblie, cet esprit d'association se tourna contre le pouvoir tyrannique du roi, y mit des bornes et fit la force de l'aristocratie.

Dès 1215, les barons et le haut clergé forcèrent Jean-Sans-Terre à signer la grande chartre, base des libertés non seulement de l'aristocratie, mais de toute la nation anglaise.

Les Normands s'étaient trouvés en face de la nation anglo-saxonne, issue de la grande invasion, forte et fière, en jouissance d'institutions vivaces ; quoique vaincue, elle continua de subsister en corps de nation, défendit ses libertés à l'abri de ses anciennes lois qu'elle conserva et fit admettre sa participation au gouvernement ; elle forma, avec l'aristocratie moyenne des vainqueurs, la chambre des communes ; la haute aristocratie composa la chambre des lords.

Les seigneurs, barons et chevaliers, unis au clergé et à la haute bourgeoisie, prirent en Angleterre le rôle de la royauté en France, se mirent à la tête de la civilisation.

La guerre de Cent-Ans servit à tirer la race saxonne de l'abaissement où elle était et à cimenter son alliance avec la race conquérante. favorisa le développement du régime parlementaire en Angleterre comme elle avait favorisé celui de la royauté en France, trancha nettement la séparation entre les deux peuples ennemis jusque là engagés l'un dans l'autre, en un mot constitua la nationalité anglaise.

L'Angleterre, resserrée en elle-même par la perte de ses provinces françaises, ayant sa nationalité formée, sa noblesse et ses communes jouissant de libertés étendues, se déchira elle-même dans la longue et cruelle guerre civile des Deux–Roses (1455-1485.) Qui fit périr quatre–vingts princes de sang royal et presque toute la vieille noblesse d'Angleterre ; les bases du pouvoir absolu furent cimentées par le sang de cette illustre aristocratie et par l'avilissement des parlements, qui avaient perdu leur vigueur et leur dignité dans les vicissitudes de cette même guerre.

Un caprice d'un de ses monarques, devenu tout-puissant, jeta l'Angleterre dans le schisme et la mit hors de la juridiction pontificale ; sous Élisabeth, la religion anglicane devint définitivement celle de l'État ; elle est un compromis entre le catholicisme et la réforme.

Le règne d'Élisabeth (1558-1603) fut en Angleterre comme le règne de Louis XIV en France l'apogée du pouvoir royal, absolu, de droit divin, remplaçant la Papauté, dont elle est indépendante, dans l'amour et l'obéissance des peuples.

L'absolutisme du pouvoir, tombé entre les mains d'un roi étranger et accusé de tendances vers le catholicisme et les idées d'émancipation politique et religieuse introduites par la Réforme amenèrent la révolution de 1640 ; Charles Ier monta sur l'échafaud.

Olivier Cromwell assura l'autorité de sa patrie sur les deux îles d'Irlande et d'Écosse et la lança dans sa véritable voie tendant à la domination des mers.

La révolution de 1688, venue à la suite de la restauration momentanée des Stuarts, fut le dernier résultat politique de la Réforme en Angleterre ; elle régla d'une manière définitive sa constitution sociale et politique, au profit de l'aristocratie dont le calvinisme épiscopal servait les intérêts.

La Réforme n'aboutit ni à l'épuration du clergé, qui conserva ses biens et devint le plus riche de l'Europe, ni à la liberté de conscience, mais à une intolérance impitoyable, qui fit monter sur l'échafaud Marie Stuart, Charles Ier, et une foule d'illustres citoyens, fit rendre une loi atroce contre les catholiques, et traita l'Irlande en nation proscrite.

La révolution de 1688 remit la conduite du gouvernement anglais à une aristocratie puissante, habile, persévérante, animée du plus vif esprit national ; sous sa direction, la nation anglaise se lança vers le but que lui avait indiqué la politique de Cromwell, c'est-à-dire la fondation d'un immense empire colonial, la suprématie exclusive des mers et le monopole du commerce du monde.

La France, depuis Colbert, prétendit lui disputer la prépondérance maritime ; sous la Révolution et l'Empire, elle voulut défendre la liberté des mers : sous Louis XIV, Louis XV, la République et l'Empire, l'Angleterre, ou plutôt son aristocratie, âme de la politique européenne qu'elle dirigea uniquement en vue de ses intérêts, nœud de toutes les coalitions contre la France, la détourna des mers en lui donnant à combattre le continent qu'elle soldait ; son ambition égoïste fut la source funeste des derniers revers de Louis XIV, de notre avilissement extérieur ssus Louis XV, de la chute de Napoléon, et de la ruine momentanée, pour les peuples, des bienfaits de la Révolution.

Bonaparte, ne pouvant l'atteindre sur mer, entreprit de la vaincre sur le continent, de la ruiner par le blocus continental ; ce projet gigantesque le mena, dans le but de tenir plus directement sous sa dépendance la plus grande étendue de côtes, à une politique d'agrandissement perpétuel et à une lutte mortelle, dans laquelle il succomba, avec tous les peuples du continent : l'aristocratie anglaise a la responsabilité des flots de sang qu'elle fit verser.

L'Angleterre se donna l'empire incontesté des mers, des positions importantes sur tous les points du globe, conquit les colonies hollandaise, espagnole, française, fonda son immense domination des Indes, renversa le colosse français, et l'envoya mourir dans un exil lointain et plein de tortures, lorsqu'il se confiait avec générosité à sa plus cruelle ennemie.

Son aristocratie, dans son inquiète et exclusive jalousie, s'est constitué l'alliée de toutes les aristocraties européennes contre la Révolution, mère de l'égalité, et par suite l'adversaire de la civilisation sociale ; elle est la maîtresse unique du sol, de l'administration, de l'église, de l'armée ; le clergé anglican, composé de ses fils cadets, ne servant cependant que les intérêts religieux du tiers de la nation, jouit exclusivement de biens immenses ; la royauté et la Chambre des Communes servent les vues de l'aristocratie ; c'est elle qui tient la majorité de la population anglaise dans une misère et un abaissement intellectuel effrayants, qui lui ferme l'accès des affaires publiques, en refusant toute véritable réforme électorale ; le sentiment de l'égalité est inconnu dans toutes les classes : l'organisation sociale actuelle de l'Angleterre est en opposition avec les tendances égalitaires qui prévalent en Europe depuis 1789.

L'Angleterre a atteint le but égoïste de sa nationalité, l'empire des mers ; mais de grands périls intérieurs et extérieurs la menacent ; à l'intérieur elle a entendu les grondements de la colère populaire, laquelle, si on ne lui donne pleine et entière satisfaction, fera tôt ou tard explosion et mettra fin à une oligarchie trahissant les véritables intérêts actuels du pays ; elle doit redouter une révolution sociale qui n'a pas, comme en France, précédé le réglement définitif de sa constitution politique ; dans son sein même l'Irlande, tyrannisée en matière civile et religieuse, possédée par quelques propriétaires qui lui sont étrangers de mœurs, de langage, de religion, lui a voué une haine native, profonde, nationale, que n'a pas mitigé l'émancipation partielle des catholiques ; la religion anglicane elle-même est battue en brèche par les progrès du catholicisme. A l'extérieur, il n'est point de puissance maritime qui n'ait reçu d'elle quelque coup de dent dont elle ne désire se venger ; l'Espagne réclame son Gibraltar, le Portugal sa liberté commerciale et politique ; la Grèce aspire après les îles Ioniennes ; la Turquie s'indigne du vol de Périm ; l'Italie voit le drapeau anglais flotter sur Malte, le Danemark sur Héligoland ; la Russie, dernièrement humiliée par elle, se souvient de ses projets avortés sur la Baltique ; la France, quoique son alliée, a contre elle des griefs invétérés, séculaires, nationaux ; il faut tout le génie, l'habileté, la modération et l'énergie d'un Napoléon pour maintenir l'alliance.

Le temps annulera les résultats de sa politique égoïste, de ses prodigieux efforts, de son triomphe momentané ; le progrès chaque jour de plus en plus considérable de l'industrie continentale permettra à celle-ci d'acquérir les avantages de l'industrie anglaise, la qualité et le bon marché ; la France ne vient-elle pas, sans crainte de sa concurrence, de lui ouvrir le libre accès de ses marchés ? Devant le développement de l'industrie continentale et des marines de la France sagement administrée, de l'Espagne régénérée, de l'Italie reconstituée, l'Angleterre ne peut plus prétendre au sceptre des mers, au monopole du commerce du monde.

Depuis qu'elle est arrivée à ses fins égoïstes en se faisant elle, la mère de la liberté dans la civilisation moderne, la complice de l'Europe aristocratique contre la révolution, elle suit une marche incertaine, ambiguë, peu franche, dont elle n'a pas l'initiative ; son antique rivale, pour la ruine de laquelle elle a dépensé tant d'or et fait couler tant de sang, tient le premier rang en Europe, l'a prise à sa remorque, s'est créé une marine qui peut lutter avec la sienne ; par esprit de rivalité son aristocratie est prête à rallumer en Europe un incendie universel pour des intérêts continentaux qui n'affectent point les siens et dont le développement est le désir et le bonheur des peuples ; par esprit d'égoïsme, elle s'oppose au percement de l'isthme de Suez, la paix lui est insupportable, comme facilitant l'extension de l'industrie continentale.

Son aristocratie a fini son temps ; son régime n'est plus de notre époque ; il est à désirer pour l'Angleterre que les tendances démocratiques y triomphent et y établissent une opinion et un gouvernement basés sur la sage volonté des masses et répondent à leurs généreuses aspirations.

XVII

Il est une puissance universelle qui enlace dans ses mille réseaux visibles et invisibles toutes les nations de la terre, puissance de nature essentiellement spirituelle, représentant de celle de Dieu, laquelle ne peut avoir qu'une tendance, celle d'être le flambeau de la civilisation. Malheureusement pour elle, dès la naissance de la nouvelle société, dès l'âge féodal, l'Église a oublié la véritable tradition évangélique et sa mission exclusivement spirituelle pour chercher dans la possession des biens de ce monde la source de la richesse, du pouvoir et aussi des jouissances matérielles ; pour se faire puissance temporelle, elle s'est mise en travers du courant de la civilisation et s'est constamment trouvée en lutte avec la société qu'elle était appelée à diriger. Aussi a-t-elle perdu de vastes provinces, et son influence morale dans celles qui lui sont restées nominalement attachées. Aussi a-t-elle compromis l'autorité de la religion et semé partout la haine ou le mépris, fait naître le doute, l'indifférence, l'athéisme et pis encore, tandis que des réformes entreprises en dépit de ses éternelles résistances qui ont fait couler des flots de sang, l'ont débarrassé successivement, à son avantage, de ses chaînes temporelles. Que voyons-nous encore aujourd'hui? La tête même de l'Église se pose comme l'adversaire le plus déclaré du réveil des nationalités, par crainte de perdre ses États où elle s'est refusée à toute réforme nécessaire, et, abusant d'une arme autrefois redoutable, en termes vagues qui dénotent sa faiblesse, retranche du giron de l'Église une grande partie de la catholicité ; elle se fait puissance militaire, répond par l'ingratitude aux services rendus, parce qu'ils viennent du fils de la révolution, et, pour son salut temporel, travaille, mais en vain, à allumer une conflagration générale, sans reculer devant les calamités d'une guerre européenne. Le pouvoir temporel de la Papauté périra certainement dans ce dernier conflit de l'Église et de la société, ce sera le coup de mort donné à la puissance temporelle de l'Église.

N'en tremblez point, ô vous qui êtes alarmés dans votre conscience des périls que semble courir la catholicité. Lorsque le monde ancien, soumis à la domination romaine, était entièrement livré à une sorte de fétichisme barbare, sanguinaire ou à un paganisme divinisant les vices les plus honteux et les passions les plus infâmes, lorsque le monde semblait devoir s'abîmer dans le renversement de toutes les lois de la morale et la négation de toute vertu, Dieu envoya le Messie ; Dieu veille éternellement sur l'humanité.

XVIII.

L'unité spirituelle, l'unité de croyances religieuses doit être la base fondamentale de l'association des peuples ; elle n'existe point. Il appartient à la nation à laquelle Dieu a confié le flambeau de la civilisation de prendre l'initiative d'une réforme nécessaire, grandiose par ses conséquences, complément pour elle de sa révolution sociale et politique, de jeter les fondements d'une croyance absorbant dans son sein, pour les assimiler, toutes les opinions religieuses.

Nous ne pouvons nous contenter du doute, qui torture l'âme, qui martyrise le cœur et l'esprit, ni de l'indifférence qui nous enlève le sentiment et la connaissance de nos droits et de nos devoirs, de notre véritable grandeur, de notre destinée ; l'ignorance des lois divines ne peut-elle pas être la source de la plus étrange et de la plus douloureuse perturbation morale dans les esprits sans frein? Consultons donc notre raison, humble reflet de la sagesse divine, et l'histoire de l'humanité, qui est l'oracle vivant des lois divines à notre égard ; cherchons à connaître celles-ci et à les comprendre pour nous y soumettre, en invoquant Dieu pour qu'il illumine d'un rayon de son esprit saint les ombres de notre faible intelligence,

L'homme a le libre arbitre. Pourquoi rapetisser l'humanité? Pourquoi nier un principe qui élève et ennoblit la condition de l'homme, qui donne un nouveau et puissant relief à sa dignité ? Par le libre arbitre, l'homme est, jusqu'à certaine limite, rendu maître de sa destinée; il n'est pas enchaîné par une fatale prédestination qui enseigne l'inutilité des efforts pour acquérir la vertu, pour se garantir du vice, qui ne permet point d'admirer l'être vertueux et de condamner l'être criminel, qui fait de l'humanité deux parts, l'une élue et destinée à jouir de la suprême félicité, l'autre dépossédée, misérable et envieuse, ne pouvant que courber la tête avec résignation, qui sanctionne le droit du fort sur le faible. C'est par une lutte de tous les instants contre l'empire des sens que l'homme en secoue les chaînes, par ses efforts persévérants, par sa volonté invincible, qu'il suit le sentier épineux du bien ou la voie large et facile du mal, qu'il sort de son abaissement moral et intellectuel, qu'il se fait une place dans la société, qu'il marche de lui-même vers le but qu'il s'est tracé sur cette terre.

Mais Dieu, souverainement grand et notre premier père, ne peut nous abandonner complétement à nous-mêmes ni laisser errer sur un sol creusé de précipices, à tâtons et sans guide, la faible humanité. Il a donné à l'homme un guide sûr à son âme, un sens infaillible dans sa propre conscience : il a déposé au fond de notre cœur le sentiment du bien et du mal ; notre conscience seule doit être la régulatrice de notre conduite, de tous nos actes. C'est elle aussi qui nous inspire le remords du mal

accompli malgré elle où la satisfaction intérieure du bien opéré
suivant son impulsion ; la grâce agit en nous ; nous la sentons
descendre en nous-mêmes comme récompense de nos efforts et
de notre constance, de notre triomphe sur l'empire du mal ; elle
nous rend heureux de notre victoire sur nous-mêmes, nous fait
marcher le front plus haut, le cœur plus ferme, nous montre
les écueils moins nombreux et moins difficiles à vaincre.

L'ensemble et les parties les plus infimes comme les plus nobles de cet univers sont régies par des lois providentielles géné-
rales et constantes ; le monde moral comme le monde matériel
doit être soumis à de semblables lois ; la règle divine qui gou-
verne l'âme humaine est que, dans l'éternité, le bien soit ré-
compensé et le mal puni.

Les décrets de Dieu sont impénétrables ; il ne nous est point
permis de soulever le voile qui le cache à nos faibles yeux ; l'humanité doit se régénérer par elle-même ; la manifestation visible
et sensible de la puissance de Dieu à l'égard de l'homme ne per-
mettrait pas la lutte des deux principes par laquelle il doit arriver à sa régénération ; mais Dieu n'a-t-il pas l'éternité pour
récompenser les justes ? Qu'ils espèrent donc toujours en lui
sans jamais se décourager.

Les générations, les races, les nations, les hommes sont solidaires les uns des autres. Le progrès est lent mais continu ; et
chaque génération ne profite-t-elle pas des efforts tentés par
celles qui l'ont précédée, de leurs luttes, de leurs souffrances,
du sang qu'elles ont répandu à grands flots ? L'homme ne subit-
il pas les conséquences des crimes ou des belles actions de ses
aïeux, de leurs vices ou de leurs vertus, de leurs succès ou de
leur impuissance ? L'humanité tout entière n'est-elle pas solidaire de la faute du premier homme ?

On repousse le péché originel comme étant dans ses conséquences une injustice effroyable de Dieu ; mais autre injustice
apparente dont nous ne pouvions dénier l'existence continue ;
ne retirons-nous pas des travaux et des souffrances des générations passées une plus grande somme mieux répartie de jouissances intellectuelles et matérielles qui leur étaient inconnues ;
comment donc nous, nés d'hier, avons-nous droit à ces avantages qu'elles nous ont procurés par leurs sueurs et par leur sang,
et qu'à aucun titre nous ne méritons mieux qu'elles ? Pourquoi
donc n'en ont-elles pas joui comme nous et ont-elles souffert

plus que nous ? Si donc les générations sont solidaires dans le bien, dans le progrès, elles le sont aussi dans le mal; elles le sont de la faute du premier homme.

Le souffle de vie qui anima notre premier père est encore celui qui nous anime; les hommes passent, les générations se succèdent, mais l'esprit du premier homme se perpétue indéfiniment dans sa postérité et plane éternellement sur cette terre; tous les êtres, dans la succession des siècles, sont ainsi unis par un lien secret, magnétique, universelle; les générations successives sont solidaires les unes des autres, pour le bien et pour le mal, dans leur marche progressive à travers les ruines et les ruisseaux de sang, vers la régénération complète de l'homme.

Nous avons donc le libre arbitre et nous sommes tous solidaires les uns des autres des progrès de l'humanité. Malheur dont à ceux qui restent inactifs, qui n'apportent pas, selon leurs moyens de tout genre, leur obole à l'édification du progrès, dont la limite sera celle des souffrances de l'humanité !

Dans l'histoire universelle comme dans les merveilles qui nous entourent, nous reconnaissons la main d'un Dieu un, infini dans ses perfections, créateur et premier moteur de toutes choses, à qui nous devons respect, amour, obéissance. Nous pratiquerons ces derniers devoirs en observant avec une exacte prescription les lois morales qu'il nous a donné par la voix de Jésus-Christ. L'égalité en droit de tous les hommes et la fraternité universelle sont les principes fondamentaux d'où découlent toutes ces lois, et dont la principale recommande la charité, charité envers les faibles d'esprit et de corps, charité envers les malheureux, charité envers les opprimés.

N'oublions pas que nous devons nous souvenir de notre faiblesse et de la source de toute force, que nous avons un maître, qu'il doit y avoir un rapport continuel entre lui et nous; il faut prier; la prière individuelle et commune est le plus grand hommage que nous puissions rendre à Dieu, la plus grande consolation comme le plus grand secours moral que nous puissions trouver en nous-mêmes dans nos moments de luttes, de douleurs physiques ou d'abattement moral; car Dieu fait descendre sa grâce dans le cœur de celui qui, marchant à la lutte journalière animé de l'esprit du bien, implore son secours.

Dans notre état de faiblesse et de corruption, un clergé est évidemment nécessaire pour être le dépositaire des lois de la divine morale, leur gardien fidèle, leur soutien inébranlable, le résumé de toutes les vertus, le modèle de la société. Il doit être dépouillé de toute préoccupation étrangère à sa mission, de tout attachement aux biens temporels de ce monde; devant être prêt à se sacrifier pour ses semblables, il doit pratiquer avant toute autre la vertu de l'abnégation ; à lui de moraliser les masses par son exemple et ses paroles, d'être la providence tutélaire de tous ceux qui souffrent, de servir d'intermédiaire entre l'homme et Dieu.

Un pareil clergé ne doit être choisi que parmi les hommes les plus respectables et les plus renommés par leur mérite et par leurs vertus, aguerris contre les passions et munis d'une sage expérience au frottement de la vie de ce monde.

La hiérarchie est inévitable, car il faut des curés dans les campagnes, il en faut dans les villes, dans les capitales, auprès des grands, auprès des rois comme auprès du simple peuple, et cette différence de position nécessitant des hommes d'autant plus vertueux et plus méritants qu'ils côtoient un entourage plus élevé, ou que le nombre et l'importance de leurs ouailles leur attribue plus de renommée, plus d'influence et aussi la nécessité de faire plus de bonnes œuvres, nécessitera toujours une hiérarchie qui se formera elle-même.

La hiérarchie de l'Église voudra toujours à son sommet la Papauté ; dans l'âge d'association, de la confraternité des individus et des nations, de l'unité spirituelle recouvrée, elle reprendra légitimement son empire spirituel sur les âmes, qu'elle à perdu dans l'âge des nationalités. Sa place sera à la tête du conseil des députés de toutes les nations, où, symbole éclatant de toutes les vertus, père commun de tous les fidèles, véritable vicaire de Dieu sur la terre, le Pape présidera l'humanité.

FIN.